Lilli J Wettke
Drenched
Love letters I wish I could send you

Lilli J Wettke

Drenched
Love letters I wish I could send you

Philanthropie

Impressum

Bibliografische Information der Deutschen Nationalbibliothek:
Die Deutsche Nationalbibliothek verzeichnet diese
Publikation in der Deutschen Nationalbibliografie;
detaillierte bibliografische Daten sind im Internet
über http://dnb.dnb.de abrufbar.

Lektorat: Isabell Wincher
Korrektorat: Lilli J Wettke

Herstellung und Verlag: BoD – Books on Demand, Norderstedt

ISBN: 978-3-7597-5139-3

Playlist zum Buch:

Für L,

Meine innig geliebte L,

ganz allein dir widme ich diese Seiten.

Ich weiß nicht,

ob du dieses Werk je in die Hand nehmen wirst,

und selbst wenn,

hättest du vermutlich keinen Schimmer,

dass du diejenige bist,

der dieses Buch gewidmet ist.

Du bist meine Muse,

du hast mich inspiriert.

Ich weiß nicht,

ob ich jemals die Courage,

oder auch möglicherweise die Dummheit besitzen werde,

dir die Originale dieser Briefe zu überreichen,

gefolgt von einem Geständnis meiner Liebe zu dir,

jedoch hoffe ich dies zutiefst,

denn ich kann mir zwar die Frage stellen;

„Was, wenn es weh tut?"

Was ich mich aber auch fragen kann, ist:

„Was, wenn es so verdammt gut wird, wie mein Herz es sich

in seinen kühnsten Träumen erdenkt?"

Ich bin dein Fels in der Brandung.
An mir zerbersten alle großen Wellen,
und du kannst dich hinter mir zusammenkauern.
Du wirst zwar nass,
aber das werden wir zusammen,
und ich werde verhindern,
dass du mitgerissen wirst.

Sei es jemals einer Poetin verboten,
dir ihre tiefste Liebe zu gestehen,
so wird sie ein Buch schreiben,
und es dir widmen.
Werdest du jemals geliebt von eines Poe-
tinnen Herz,
so brauchst du nicht zu fürchten den
Tod,
denn du seist unsterblich.

Trier, den 29.12.2023

Meine Liebe,
Du bist die Art von Frau,
über die Menschen Lieder schreiben.
Du bist diese Art Frau,
bei der selbst die besten Autoren sprach-
los werden.
Du bist so unfassbar schön,
dass man es nicht einmal in Worte fas-
sen kann.
Damit meine ich nicht nur dein Äuße-
res- das zwar auch,
aber vor allem deine Person.
Es ist inspirierend,
wie du es schaffst,
so unfassbar sympathisch zu sein und da-
bei so mühelos zu wirken.
Wenn ich dich ansehe,
erinnerst du mich manchmal ein wenig
an mich selbst,
in deiner gesamten Art,
einmal abgesehen davon,
dass wir viele Interessen und äußerliche
Charakteristika gemein haben.
Du bist unfassbar niedlich,

und ich bin so unendlich dankbar dafür,
dich kennengelernt zu haben.
I think I might be able to love you.
Herzlichst, L

Trier, den 12.01.2024 (Originalfassung)

My Dearest,
it has been a while since we last saw each
other and I detect, that I am unable to
get you out of my head.
I need to make a confession to you; You
have been my New Year's Wish.
I wished for you to see me the way I see
you. I wished for you to hold my hand,
and I wished, that one day, I could place
a gentle kiss on your forehead
as a simple promise to never leave you.
I certainly do not know if you will ever
read this,
but if you do, than please don't judge
me if you are not feeling the same way.
But if you do,
in case you really like me back,
this would make me the happiest person
on this planet.
So please tell me,
if you happen to have feelings for me
too.
Sincerely L.

Trier, den 12.01.2024 (deutsche Version)

Meine Liebste,
Es ist nun einige Zeit vergangen, seitdem wir uns das letzte Mal sahen, und ich merke, dass ich nicht dazu in der Lage bin, dich aus meinem Kopf zu bekommen.
Ich muss gestehen; du warst der Wunsch, den ich an Neujahr machte.
Ich wünschte mir, dass du mich auf die Art und Weise siehst, auf die ich dich sehe.
Ich wünschte mir, dass du meine Hand hieltest,
und ich wünschte mir,
eines Tages dazu in der Lage zu sein,
dir einen sanften Kuss auf die Stirn zu geben,
als ein simples Versprechen,
dich niemals zu verlassen.
Ich weiß nicht, ob du diese Worte meiner jemals lesen wirst, aber falls doch, dann bitte ich dich, mich nicht zu verurteilen, wenn du nicht auf dieselbe Art

und Weise fühlst, wie ich es tue.
Aber falls doch,
falls du mich auch liebst,
würde mich das zu der glücklichsten
Person auf dem gesamten Planeten ma-
chen.
Also bitte lasse es mich wissen,
falls du auch Gefühle für mich hast.
Liebevollst, L.

Trier, den 18.01.2024

Meine Liebe.
Du bist mein Herz!
Mich heute mit dir zu unterhalten,
dein Lächeln für mich alleine zu haben,
hat mich unendlich glücklich gemacht.
Deine Augen sind blaues Gold.
Deine Persönlichkeit ist so rein und ich
fühle mich so unendlich geborgen in
deiner Gegenwart.
Manchmal denke ich,
in deinen Augen etwas ähnliches zu se-
hen,
aber realistisch betrachtet ist das wohl
doch nur Wunschdenken meinerseits.
Aber vielleicht ist ja irgendwas dabei,
wer weiß.
Du glaubst nicht,
wie überwältigend glücklich ich darüber
wäre.
In Liebe,
L.

Trier, den 24.01.2024

Meine Liebe,
Deine Schönheit blendet mich von Tag
zu Tag mehr.
Immer, wenn ich in deine engelsglei-
chen blauen Augen schaue,
sehe ich Geborgenheit,
sehe ich mich, in dir.
Deine Person ist meiner auf eine Weise
vertraut,
die ich noch nie zuvor erlebte.

Wenn ich dich sehe, sehe ich in gewisser
Weise mich,
mich selbst,
und auch meine Zukunft.
Wir kennen uns bislang noch nicht son-
derlich innig,
aber anhand dessen, was ich von dir
weiß,
kann ich auf so viel anderes schließen,
denn ich erkenne so viele meiner eige-
nen Eigenschaften wieder.

Wir gleichen uns immens,
und dennoch sind wir Individuen,
die sich deutlich unterscheiden.
Wir haben einfach die perfekte Relation
zwischen Ähnlichkeiten und Unterschie-
den,
um uns oft einig zu sein,
uns aber dennoch nicht irgendwann auf
die Nerven zu gehen.
Wenn ich bei dir bin,
habe ich das Gefühl ich selbst sein zu
können,
und validiert zu werden.
Ich gebe mein Bestes, dieses Gefühl
auch dir zu vermitteln.
Wir sind Menschen, die einfach passen,
Menschen, die einander kennen,
ohne es faktisch wirklich zu tun.
Menschen, die einander würdig sind zu
lieben.
In Liebe zu dir,
L.

Trier, der 31.01.2024

Meine Geliebte,
du bist meine Rose,
meine Schönheit, und zugleich mein
Leid.
Dich anzusehen,
gibt mir den Frieden, den ich brauche,
und eine Unruhe, die ich nie zuvor ver-
spürte.
Zu sehen, wie du lächelst,
macht mich so unendlich glücklich,
und noch fröhlicher bin ich,
wenn ich der Grund bin.
Du, meine Liebe,
wirfst in mir die Angst auf,
dass da jemand anderes sein könnte,
jemand, der schneller war als ich,
und ich bete, dass es nicht so ist,
nicht so kommen wird,
bevor du all meine Briefe an dich gele-
sen hast.
Ich wünschte, wir wären gerade in ei-
nem Paralleluniversum,
irgendeinem,
denn dann wären unsere Umstände

andere.

Möglicherweise hätte ich dir dann längst gesagt,

wie ich für dich fühle, dass ich für dich fühle.

Jedoch kann ich dies in jenem Universum hier nicht tun,

daher sage ich es dir in dieser Form;

Ich liebe dich!

In Liebe,

L.

Trier, den 06.03.2024 (Originalfassung)

My love,
I would give you the moon and the stars,
I would lay the whole universe down to
your feet,
if I was physically able to, which I am
not.
So I decided to give you my world in-
stead,
and because you are my world,
I have made it my joy to make your day
better,
every time that I see you.
There is nobody who deserves to smile
more than you do.
That is why I am not only trying to
make you laugh,
any time I come by you,
but I too want to make it occur to you,
that there is no such thing
that is actually as bad, as it might appear
under the first impression.
To give you an example I could say
that I only ever thought about you once
in my entire lifetime.

"Then you are clearly not in love with me",
you could argue.
But well, clearly I am.
Still what is said was nothing but the truth.
I only ever thought about you once, because I never stopped.
I never stopped thinking about you, my love.
My whole entire world just seems to revolve around you.
You might be considering me mental for this one,
but I can assure you that I am not,
that all of this is true,
that all of this makes sense.
Everything else I am trying to think about is finding its way
to interconnect back with you.
You have indoctrinated my heart so deeply,
that I can never truly stop thinking about you.
It is starting to find its way of driving me insane,

because I fell so deeply for you, that it is
just so demolishing,
that I am unable to tell you.
So now I am writing down all of those
love drenched words of mine,
that I would much rather scream out
into the world,
say to your face,
right here,
right now,
at this perfect little moment.
I love you, my wonderful girl,
I fell for every millimetre of your stun-
ning soul, personality and body.
Your presence, for some reason, makes
me go completely crazy,
because all I want is to hug you and kiss
you and make you mine.
I certainly am nice to everyone,
but I feel the desperate, deep urge,
to give you everything I have and more.
You're so admirable,
your beauty takes my breath away.
Your soft hair,
your sun kissed skin,
your deep ocean blue eyes,

those full and charming lips of yours.
Your perfect eyebrows,
your wonderful thighs,
your lovely silhouette.
Everything about you, that I just seem,
to cannot get enough of.
I love your everything,
with my everything.
My love,
your love.

Trier, den 06.03.2024 (deutsche Version)

Meine Liebe,
Ich würde dir den Mond und die Sterne geben, ich würde dir das Universum zu Füßen legen, wenn ich physisch dazu in der Lage wäre, aber das bin ich nicht. Also entschied ich mich dazu, dir anstatt dessen meine Welt zu geben,
und da du meine Welt bist,
habe ich es mir zur Aufgabe gemacht, deinen Tag, jedes Mal, wenn ich dich sehe, zu verbessern.
Es gibt niemanden, der es mehr verdient zu Lächeln als du.

Daher versuche ich, jedes Mal, wenn wir uns begegnen, dich zum Lachen zu bringen.
Ich will dir auch nahelegen, dass nichts so schlecht ist, wie es auf den ersten Blick scheint.
Um dir ein Beispiel zu geben, könnte ich sagen, dass ich in meinem bisherigen Leben nur genau einmal über dich nachgedacht habe.

„Dann liebst du mich nicht", könntest
du erwidern, mit Recht, aber du wür-
dest trotzdem falsch liegen.
Du hältst mich vielleicht für verrückt
hierfür, jedoch kann ich dir versichern,
dass alles einen Sinn ergibt.
Ich habe bisher nur ein einziges Mal an
dich gedacht, weil ich niemals aufgehört
habe, an dich zu denken, meine Liebe.
Meine gesamte Welt scheint sich aus-
schließlich um dich zu drehen.

Alles andere, an das ich versuche zu den-
ken, findet seinen Weg, sich zurück zu
dir zu verbinden.
Du hast mein Herz so tiefgehend einge-
nommen, dass ich niemals wirklich auf-
hören kann an dich zu denken.
Es fängt an mich verrückt werden zu las-
sen,
weil ich so stark für dich fühle, es dir
aber einfach nicht sagen kann.

Daher sitze ich nun hier und schreibe all
diese von meiner Liebe durchtränkten
Wörter nieder, die ich so viel lieber in

die Welt hinausschreien würde, dir viel
lieber in dein wunderschönes Gesicht sa-
gen würde, jetzt, hier, in diesem wun-
derbaren kleinen Moment Ewigkeit.
Ich liebe dich, meine wunderbare L,
ich habe mich verliebt, in jeden Millime-
ter deiner beeindruckenden, atemberau-
benden Seele, deiner Persönlichkeit, dei-
nes Körpers.

Deine Präsenz schafft es, mich in den
Wahnsinn zu treiben, denn alles, was
ich tun möchte ist es, dich zu umarmen,
dich zu küssen, dich zu meinem zu ma-
chen. Ich bin freundlich zu jedem, aber
ich verspüre das tiefgehende Verlangen,
dir alles zu geben, was ich habe und
noch mehr.
Du bist so unbeschreiblich,
deine Schönheit raubt mir den Atem.

Dein weiches Haar,
deine sonnengeküsste Haut,
deine tiefen, ozeanblauen Augen,
diese charmanten Lippen deiner.
Deine perfekten Augenbrauen,

deine wundervollen Beine,
deine liebliche Silhouette.
Alles an dir, von dem ich nicht genug
bekommen kann.
Ich liebe alles an dir.
Meine Liebe,
deine Liebe.

Wien, den 24.04.2024

Meine Liebe,
nun sitze ich hier gerade in Wien,
und kann nicht aufhören an dich zu
denken.
Zwar sehe ich ... als unsere Stadt,
dennoch ist es Wien,
das es vermag, deiner Schönheit im An-
satze eher gerecht zu werden.
Ich habe hier so unendlich viel Spaß,
und war lange nicht mehr so entspannt
und glücklich wie gerade,
aber ich vermisse dich so unendlich.
Ich wünschte mir,
du könntest auch hier sein.
In Gedanken bist du es jedenfalls.
Ich liebe dich.
In Liebe,
L.

Trier, den 03.05.2024

Meine Geliebte,
May I kiss you then on this miserable
sheet of paper,
I might as well open the window,
and kiss the night sky,
to say it in Kafka's words.

Mir ist bewusst,
wie er diese Worte an Milena schrieb,
einsam und ihrer missend,
aber ich interpretiere dieses Zitat anders.
Für mich sagt es,
dass ich nur den Nachthimmel küssen
müsste,
um dich zu küssen.
Also tue ich es nicht,
aus Respekt gegenüber dir.

Du bist für mich alles,
und alles bist du.
Es hat etwas Pantheistisches,
aber das ist nicht einmal weiter tragisch,
denn du, Göttin, du bist das,
an was ich glaube.

Ich liebe dich,
auf die Art und Weise, wie Kafka
Milena liebte,
auf eine Art und Weise, die nur der Poetin offen steht zu verstehen.
Ich liebe dich, wie Kafka Milena liebte,
nur positiver.
Fällt dir die Parallele auf?
Ohne, dass ich wusste,
dass ein Werk Kafkas namens Briefe an
Milena gibt,
geschweige denn, dass ich mich,
Zeitens dessen, mit der Person Kafkas
auseinandergesetzt hätte, schrieb ich dir
Briefe.
Briefe, deren Papier durchtränkt ist,
von den tiefen Wassern meiner Seele,
meiner unbendigbaren Gefühle.
Ich liebe dich, mein wortwörtliches Alles.
In Liebe zu dir.
Deine L.

"If I love you was a promise, would you break it, if you're honest?"

I can only believe, that those are the words of someone who never actually was in love, who never actually fell in the deep waters of the river of affection, and drowned in the ocean of deep admiration.

Because really loving someone is in fact making a promise.
It is actually even more than that.
Loving someone is making a commitment, to always be there for that human, no matter what, no matter where, no matter when.

Being in love means to not only accept, but embrace the others flaws and weaknesses and to be completely unreasonable sometimes, because loving someone is a decision your heart makes without your brain.
Being loved means, that you never have to undergo something alone and you

will always have somebody by your side.

Love does not mean that there won't be
any arguments,
but it does say, that even though you are
in a fight, there is still the commitment
of loyalty between the both of you.
Being in love with a person means to
give your human space when they need
it, but also to carefully distinguish
whether they really want space or if they
just do not want to be a burden.

Love is trust and giving in your every-
thing, even though you never know
what is set to be happening in the fu-
ture.
Love is believing that everything will fall
into place, and everything is going to be
alright, even though the world around
you seems to crumble and crash.

Love is the most naive thing in the
world, but also the most beautiful,
wholesome and pure one, because in a
society full of dilemma and resentment,

it is important to have something to re-
mind oneself that there is still good in
this world.

To my love,
I will always be by your side,
I love your everything
with my everything.
Sincerely,
yours truly,
L.

„Wenn „Ich liebe dich" ein Verspre-
chen wäre, würdest du es brechen?"

Ich persönlich denke, dass diese Frage
nur von jemandem stammen kann, der
niemals richtig geliebt hat, der niemals
in die tiefen Wasser der Liebe fiel, je-
mandem, der nie im Fluss der Zunei-
gung qualvoll ertrank.

Denn, wenn man jemanden wirklich
liebt, ist das ein Versprechen, sogar
mehr als das.
Jemanden zu lieben heißt, sich zu ver-
pflichten, immer für diesen Menschen
da zu sein, egal wann, egal wie, egal wo.
Zu lieben heißt es, die Fehler und
Schwächen des anderen nicht nur zu ak-
zeptieren, sondern zu schätzen.
Zu lieben heißt, manchmal völlig irratio-
nal zu sein, denn Liebe ist eine Entschei-
dung, die unser Herz ohne unseren
Kopf trifft.

Geliebt zu werden heißt, dass man nie-
mals alleine durch eine schwere Zeit

kommen muss, sondern immer jeman-
den fest an seiner Seite hat.

Sich zu Lieben heißt nicht, dass man
sich niemals streitet, aber es heißt, dass
selbst wenn man in einem Streit ist, zwi-
schen einander noch Loyalität herrscht.
Zu lieben heißt, einander den Raum zu
geben, den man braucht, aber auch da-
zwischen unterscheiden zu können, ob
die andere Person wirklich alleine sein
möchte oder einfach nur keine zusätzli-
che Last sein möchte.

Liebe ist Vertrauen, man gibt alles, ob-
wohl man nicht weiß, was in Zukunft
passieren wird.

Liebe ist der Glaube daran, dass alles gut
werden wird, selbst wenn die Welt um
einen herum unterzugehen scheint.
Liebe ist die naivste Sache der Welt,
aber gleichzeitig auch die schönste und
reinste Sache der Welt, denn in einer
Gesellschaft voller Dilemma und Zu-
rückweisung, ist es wichtig etwas zu

haben, dass einen erinnert, dass es noch
Gutes auf dieser Welt gibt.
An meine Liebe,
Ich werde immer an deiner Seite sein,
Ich liebe alles an dir.
Herzlichst,
in Liebe
L.

Was ist Liebe, fragen sich viele. Viele sind die Menschen, die noch nie von ganzem Herzen geliebt haben. Viele Lachen oder zeigen Unverständnis gegenüber Liedzeilen, die sagen, der Erzähler sei glücklich, dass er seine Liebe mit jemand anderem lachen sieht, aber das ist, was wahre Liebe ausmacht.

Jemand zu Lieben ist schön und schmerzhaft zugleich, denn Liebe zielt nicht darauf ab einen selbst glücklich zu machen. Sie macht, dass man einzig dann zufrieden ist, wenn der andere froh ist, egal ob mit einem selbst oder mit jemand anderem.

Das ist das Gemeine an Liebe, denn man ist überglücklich zu wissen, dass es dem anderen gut geht und dennoch stürzt es einen in die Tiefe, zu wissen, dass man selbst nicht an diesem Glück teilhaben darf, zu wissen, dass man nicht einmal wirklich der Auslöser dafür ist, es nie sein wird.

Aber es gibt ja auch Liebe, die sich erwidert, und die macht einen dann komplett verrückt mir ihren ganzen Emotionen, aber auf so eine abgefahren gute Art und Weise. Man weiß, dass wenn es hart auf hart kommt, man sich für den anderen das Herz herausreißen würde, man würde sterben, damit der andere leben kann, und das Paradoxe ist, es macht einen trotzdem unendlich glücklich.

Es gibt viele Menschen, die behaupten, es gäbe die Art von Liebe für die man sterben würde und die, für die man töten würde, aber ich finde die schönste Liebe ist die, für die man leben würde. Das ist die Form von Zuneigung einander gegenüber, die all das Übel beiseiteschiebt, solange, bis alles wieder wirkt, als sei die Welt in Ordnung. Diese Art von Liebe ist die gefährlichste von allen, denn sie macht uns abhängig. Wenn wir uns auf so eine Liebe einlassen, dann treffen wir bewusst die Entscheidung, uns potenziell verletzen zu lassen, vertrauen dem anderen aber, es nicht zu tun.

Und dann ist da noch eine Liebe, eine Liebe, die dazu vorprogrammiert ist wehzutun, denn es ist die verbotene Liebe. Man sollte mich nicht falsch verstehen, denn dies ist unter den Liebenden meist sogar die stärkste Liebe, weil sie bedeutet; wir gegen den Rest der Welt, und das ist etwas, was schmerzt und einen im Schmerz zusammenschweißt.

Das Seltsame ist, dass unsere Gesellschaft vorgibt, die Liebe zu lieben, aber sobald sie aus der Norm fällt, hasst die Gesellschaft auf einmal die Liebe. Und das ist verwirrend, denn wie kann man Liebe hassen, wie kann man Zuneigung und Glücksgefühle hassen? Wie kann man sich gut fühlen, wenn man dafür gesorgt hat, das andere sich über ihre guten Gefühle schlecht fühlen?

Wie kann man sich anmaßen zu urteilen, über Menschen, die den Mut haben dazu zu stehen, sich zu lieben?

Nach dem Regen

Sie tanzt,
wie sie noch nie getanzt hat,
lacht, wie sie noch nie gelacht hat,
denn sie fühlt sich stark,
sie fühlt sich glücklich.
Es ist ein Glück,
dass sie nie zuvor verspürt hat.
Es ist das Lachen der Sonne nach dem
Regen.
Es ist ein Moment von unbeschreibli-
cher Schönheit,
denn sie ist frei,
voll und ganz.
Sie denkt nicht darüber nach,
was nun jemand von ihr halten könnte,
was passieren könnte,
ob sie es schuld sei,
wenn etwas passiere.
Sie ist frei,
das erste Mal in ihrem Leben,
denn ihr Geist ist frei.

I envy the rain

I am watching you from afar.
Seeing you is the best part of my day.
Every morning you are the first thing I
see.

I can spy with my little eye your elegant
silhouette on the bus stop on the other
side of the road, every morning.
You are always so happy, so kind to eve-
ryone walking by. Your heart is one
made of pure gold because you smile at
every child you encounter.
I wonder what it would be like, talking
to you, being around you, knowing you.

But I just can not pull myself together
to cross the road and ask for your num-
ber.
Today it is raining. When I look up and
down the road, all I see is grumpy faces
underneath grey umbrellas. And then,
there is you, with a bright purple one
closed in your hand, and there is your
gorgeous long hair waving around in the

air. There is a wide magnificent smile on your godlike lips. Your blinding white teeth are showing, and your fantastic blue iris is almost unseeable because your laugh is so real that your eyes are almost closed.

Today while looking at you, I think to myself; I envy the rain.
I envy the rain, because he gets to brush through your hair and touch your skin.

Regenmorgen

Ich beobachte dich aus der Ferne.
Dich zu sehen ist der beste Teil meines
Tages. Du bist die erste, die ich jeden
morgen sehe.
Ich kann deine elegante Silhouette an
der Bushaltestelle auf der gegenüberlie-
genden Straßenseite erkennen, jeden
Morgen.

Du bist immer so glücklich, so freund-
lich zu jedem der vorbei geht. Du hast
ein Herz aus purem Gold, denn du lä-
chelst jedes Kind an.

Ich frage mich, wie es wäre, mit dir zu
reden, dich um mich zu haben, dich zu
kennen. Ich meine dich richtig zu ken-
nen, nicht nur bloß vom Sehen.
Aber ich kann mich einfach nicht dazu
durchringen, die Straße zu überqueren
und dich nach deiner Nummer zu fra-
gen.

Heute regnet es und alles, was ich sehe

sind genervte Gesichter, die sich unter grauen Regenschirmen verstecken.

Und dann bist da du, mit deinem lilafarbenen Regenschirm, den du geschlossen in deiner Hand hältst. Und dann ist da dein langes Haar, welches durch den Wind fliegt. Ein breites Lächeln spielt über deine göttlichen Lippen, was deine blendend weißen Zähne zum Vorschein bringt.

Deine fantastischen blauen Augen sind fast nicht zu erkennen, weil dein Lachen so echt ist, dass deine Augen nahezu verschlossen sind.

Während ich dich heute anschaue, denke ich mir; Ich bin beneide den Regen, denn ihm ist es erlaubt dir durch die Haare fahren und deine Haut berühren.

Friday, May 10th 2024 (Originalfassung)

And I am wandering around to clear my
head.
To think all the thoughts that have piled
up in my head for the last few weeks.

I usually feel like I am obligated to think
in straight lines, but in moments like
this, I allow my thoughts to spiral.
Naturally all I can think about is you.
You are my muse, and now you are the
one my eyes secretly search for while
walking around the streets.

I wander around, with no time and
place to be, and my imagination comes
up with the wildest scenarios of me even-
tually running into you.

It feels so surreal, but yet so right, like
this is meant to be.
I wander around, and I keep my eyes
open for you.
Every time something red passes me by,
my heart gets a weird stutter, because I

think; What if this is you? Could this even be you? Is this you? My red flicker of love. No!
And I am unable to really explain why, but every time something red passes by me and it is not you, I feel demolished.

Because how on earth is this fair, to make me suffer like that?
You are my everything, and the only way that I can tell you in is that I do not.

So instead I sit here, drenching these papers in the deep nostalgic feelings people call love.
I die on these pages, with the ink as my blood and I ask myself, how long will it take, until the day finally comes, where the two of us can be united in love.

I suffer through every day that I don't see you, but I am willing to make that sacrifice, because I know that one day I am going to look back at all of this, and we are going to look back at all of this.

Some connections are not to be denied forever.
Some people are just so right, that not even the biggest wrongs can defeat them.
And we, my love, for sure are two of those human beings.
As for us, we are a symbiosis.

We are mostly so similar, that we fit together like two pieces of one puzzle, but yet so vastly different, that we are two individuals, clinged together into perfection.
There is no future that I can imagine without you in it, and even if all of the humankind was to stand between us, I promise you, I wouldn't give you up, I wouldn't give us up.
I am to make a big jump over all the burdens we face, and I am to land right in your arms.
We are meant to be, because you unknowingly showed me what love really feels like.

For my dearest L.

Freitag, den 10.05.2024 (deutsche Version)

Ich gehe durch die Straßen, um meinen Kopf freizubekommen und all die Gedanken zu denken, die sich über die letzten Wochen hinweg in mir angestaut haben.
Ich habe normalerweise das Gefühl, in geraden Linien denken zu müssen, aber heute erlaube ich meinen Gedanken zu kreisen.

Natürlich bist du alles, über das ich mal wieder nachdenken kann du. Du bist meine Muse, und du bist diejenige nach der meine Augen heimlich Ausschau halten. Ich spaziere planlos und ohne Ziel herum, und mein Kopf erfindet die wildesten Szenarien, wie wir uns treffen könnten.
Es fühlt sich so surreal an, aber gleichzeitig so wirklich, so richtig.

Ich spaziere durch die Gegend und halte Ausschau nach dir. Jedes Mal wenn

etwas rotes meinen Weg kreuzt, fängt
mein Herz kurz an zu zittern, denn ich
frage mich;
Bist das du? Kannst du das sein? Mein
roter Liebesflimmer. Nein!

Ich bin nicht wirklich in der Lage zu er-
klären warum aber jedes Mal, wenn ich
an etwas Rotem vorbeikomme und es
nicht du bist, bin ich deprimiert.
Denn wie in aller Welt ist es fair, mich
so leiden zu lassen?
Du ist mein Ein und Alles, und die ein-
zige Art auf die ich dir das sagen kann
ist, dass ich es nicht tue, dass ich den
Mund halte.

Also sitze ich anstatt dessen hier und
durchweiche diese Seiten mit meinen
liebesgetränkten Worten, mit meinen
nostalgischen Gefühlen für dich.

Ich sterbe auf diesen Seiten, mit der
Tinte als mein Blut und ich frage mich,
wann wohl endlich der Tag kommen
wird, an dem wir beide glücklich in

unserer Liebe vereint sein können.
Ich leide jeden Tag, an dem ich dich
nicht sehe, aber ich erbringe dieses Op-
fer gerne, denn ich weiß, dass ich eines
Tages auf all das hier zurückblicken
werde, und wir auf all das hier zurück-
blicken werden.

Manche Verbindungen lassen sich nicht
auf ewig verleugnen. Manche Menschen
sind einfach so richtig für einander, dass
nicht einmal die größten Zwiespalte sie
auseinanderbringen können.

Und wir, mein Liebe, sind zwei dieser
Menschen.
Wir sind eine Symbiose.

Wir sind uns zumeist so ähnlich, dass
wir ineinander passen, wie zwei Stücke
eines Puzzles, aber auch so unterschied-
lich, dass wir zwei Individuen sind, zu-
sammengebracht in Perfektion.

Es gibt keine Zukunft, die ich mir ohne
dich vorstellen kann, und selbst wenn

die gesamte Menschheit sich zwischen uns stellt, verspreche ich dir, dass ich dich nicht aufgeben würde, uns nicht aufgeben würde. Ich würde einen großen Sprung über alles, was uns scheidet machen, und ich würde in deinen weit geöffneten Armen landen.

Wir sind füreinander gemacht, denn du hast mir unwissentlich gezeigt, was es heißt, zu lieben.

Für meine liebste L.

Dienstag, den 14.05.2024
Meine Geliebte,
eigentlich war mein Plan dieses Notiz-
buch der Philosophie zu widmen, aber
irgendwie hast du es geschafft auch hier
zu intervenieren.

Irgendwie hast du es geschafft, dir dei-
nen Weg so in mein Herz zu schleichen,
als dass ich gar nicht anders kann, als
über dich zu schreiben.

Unterbewusst bist du wohl ein Teil von
allem, was ich tue, und nun sitze ich
hier, schreibe, und das einzige domi-
nante, greifbare, was mir durch den
Kopf schwirrt, bist du.
Aber so fern ab vom Thema bin ich im-
merhin nicht gelandet.
Ich wollte philosophieren, und nun
schreibe ich etwas über dich, meinen
Kopf, über uns.

Ich würde dies als eine Art philosophi-
sche Poesie bezeichnen, durchtränkt
von Gefühlen, absolut nicht sachlich,

nur subjektiv korrekt, aber sein wir einmal ehrlich; die eine Wahrheit gibt es nicht, und ob ich nun Stunden darauf verschwende, nach ihr zu suchen, und ihr doch nur minimalst näher zu kommen, vielleicht sogar noch ferner von ihr abzurücken, denn bedenke wer von Sinn redet, wird seinen Verstand verlieren, oder ob ich mich dir widme, uns widme und meinem Herzen damit das gebe, wonach es so dringend verlangt.

In diesem Falle sehe ich bei zweiterem den deutlich höheren Stellenwert.
Ich philosophiere über uns, gebe meinen Gelüsten, denen ich so lange Einhalt gebot, nach.

Ich denke über dich, als ein Teil von mir und flüchte mich mit dieser Poesie in eine Welt, in der wir existieren.
In der es nicht nur ein Du gibt, und nicht nur ein Ich gibt, in der es ein Wir ist, und wir Arm in Arm mit verschränkten Fingern in den Sonnenuntergang spazieren.

Ich weiß nicht, ob dies jemals Realität sein wird, wie könnte ich das, ist mir doch der Blick in die Zukunft nicht gegeben.
Jedoch kann ich hoffen, bitten, beten, betteln, das Schicksal anflehen, das wir eines Tages eins sein werden.

Du bist der Wunsch, den ich jedes Mal in Gedanken mache, wenn ich eine Wimper von meiner Fingerkuppe puste.
Du bist die, die mich kein Risiko eingehen lässt, wenn ich um Uhrzeiten wie elf Uhr elf auf den Holztisch klopfe.
Ich glaube nicht wirklich an solche Bräuche, jedoch für den Fall, dass wir niemals zusammen enden, möchte ich mir nichts vorwerfen können.

Ich darf mir nicht selbst die Möglichkeit geben zu sagen „Hättest du bloß...“, denn ich weiß, wie es mich auf längste Zeit zerstören würde, dich zu verlieren, noch bevor ich dich jemals gewann.

Ich kann nur mit einer solchen

Entscheidung von dir leben, wenn ich mir nichts vorwerfen könnte, wenn ich nicht sagen kann „Hättest du bloß..."
„Wärst du besser..."
Aber wie kann ich diesen Zustand jemals erreichen, denn um mir nichts vorwerfen zu können, müsste ich perfekt sein, in jeglicher Hinsicht, denn alle Bereiche eines Menschen Lebens sind unverweigerlich miteinander verstrickt, und Imperfektion in einem Bereich, führt unweigerlich zu einem Zusammenbruch des gesamten System in die Imperfektion.

Kann ein Mensch perfekt sein? Was ist perfekt? Wie kann ich Perfektion nahekommen?... und ist ihr nur nahe zu kommen nah genug, perfekt genug?

Ist perfekt messbar und überhaupt allgemein?
Womit wir dann wieder beim philosophischen Teil meiner Person gelandet wären.

Ich denke der Zustand der Perfektion ist subjektiv und damit theoretisch für den Einzelnen erreichbar, aber weder für die Allgemeinheit nachvollziehbar noch definierbar.

Perfektion ist das Erreichen eines Zieles, oder der Moment in dem sich ein Traum unserer erfüllt. Perfekt ist für viele schwierig zu erreichen, da sie sich das Ziel ihres Perfekts so hoch setzten, dass es nahezu an das unerreichbare grenzt.

Perfekt ist eine Haltung sich selbst, anderen und dem Leben gegenüber. Es ist das Zufriedensein mit dem, was man hat, und das Akzeptieren von dem, was man nicht hat, das Arbeiten für das, was man haben könnte, und das klare Abwenden von dem, was man nicht haben will.

Perfekt ist das Wissen, unverwundbar zu sein, aber nicht arrogant zu werden.

Perfekt ist, die Balance zu finden, dazwischen einerseits hinter sich selbst zu stehen, und andererseits trotzdem kritikfähig zu sein.

Das wäre der theoretische Teil, aber meine wirkliche Antwort ist; wenn ich an perfekt denke, denke ich immerzu erst an dich.

Anders ist es gar nicht möglich, weil mein Herz deinen Namen so laut schreit, dass mein Kopf bis hin zur Vollständigkeit ausgefüllt ist. Immerzu dein Name, so lange bis es scheint, als gäbe es nichts anderes mehr in meinem Leben als bloß dich und den Wohlklang deines Namens.

Du bist Perfektion in meinen Augen, und erreiche ich dich nicht, erreiche ich keine Perfektion, keine vollständige Erfüllung.

Es ist in gewisser Weise ausweglos, denn nun stehe ich wieder am Anfang. Frage mich, wie ich es wohl verkraften soll, falls du mich zurückwiesest, und ich

weiß, dass ich diese Frage niemals wirklich beantworten werden kann, weil sie meine kognitiven Fähigkeiten überschreitet, und mich immer zum Anfang und Ende meines gesamten Seins zurückwirft, zu dir.
Ich kann nur hoffen, dass ich niemals in die Prekäre der Lage komme, diese Frage beantworten zu müssen, weil die Stimme in meinem Herzen mir sagt, dass du mich so liebst, wie ich dich liebe.

Eigentlich sollte mir all das hier Angst einjagen, aber seltsamerweise tut es das nicht.
Du gibst mir Sicherheit, wenn ich an dich denke, fühle ich mich sicher, obwohl du die unsicherste Variable in der Gleichung meines Lebens bist.

Ich weiß nicht, was aus uns werden wird, und überhaupt ob, dennoch bin ich mit optimistischer Sicherheit überflutet, sobald ich an dich denke.
Das ist wohl das, was man Liebe nennt.

Aber Liebe, ich frage mich, was das so wirklich ist. Das Konstrukt der Liebe ist eines, welches zu verstehen mir verborgen bleibt. Nun, nehme ich meine Liebe für dich, und vergleiche sie mit den Gefühlen, die ich bereits für andere Personen hegte, so stelle ich fest, dass es sich nicht ansatzweise gleich anfühlt. Nehme ich die Menschen, zu denen ich mich vorher romantisch hingezogen fühlte, so kann ich feststellen, dass ich dich wohl als einzigen dieser Menschen wirklich liebe. So wie für dich, habe ich noch nie gefühlt, so extrem, so rein, so zweifelsfrei.

Messe ich die Liebe zu anderen Menschen, an dem Maß, wie ich dich liebe, habe ich wohl niemals jemanden so richtig geliebt, aber ich denke, dass es nicht so einfach ist.
Liebe fühlt sich immer unterschiedlich an, sei sie nun romantisch, platonisch oder familiär.

Nahezu jedes Mal, wenn ich mich auf

eine Person romantisch eingelassen habe, war ich mir sicher, sie bis zu einem gewissen Grad attraktiv zu finden. Ich dachte, so muss es sich anfühlen, wenn man jemanden kennenlernt, dass sich dann erst eine stärkere Anziehung entwickelt. Damit mag ich nicht so wirklich fern von der Realität gelegen haben, denn viele Beziehungen entstehen wohl so, aber das Innigste, was ich jemals fühlte, war meine Liebe zu dir. Meine Verbindung zu dir wuchs zwar mit der Zeit, jedoch war sie von Anfang an vorhanden, musste nicht erst entstehen, geschweige denn erzwungen werden.

Die vorherigen Personen, das war mir im Nachhinein immer klar, noch bevor ich dich das erste Mal traf, liebte ich nicht, obwohl ich mich immer davon zu überzeugen versuchte, mir einzureden, das gehöre alles so. Meine Beziehungen zu ebendiesen Personen waren einstweilig dem geschuldet, dass ich nicht allein sein wollte, oder nicht Nein sagen konnte, weil ich es für egoistisch hielt

mich selbst zu priorisieren. Denn braucht es wirklich Liebe für eine romantische Beziehung, wenn man es in Kauf nimmt sich von einer Person schlechter behandeln zu lassen, als von der anderen?
Braucht es wirklich Liebe für eine romantische Beziehung, oder reicht es, sich demütig dem Willen zu unterwerfen, nicht einsam sein zu wollen und damit jegliche fehlenden Qualitäten des Gegenübers vollständig außer Acht zu lassen, damit einhergehend dem Scheitern ins Auge zu blicken.

Ich habe Angst, auch dich nicht wirklich zu lieben, sondern anstatt dessen nur zu glauben, es zu tun. Jedoch allein diese Angst nimmt mir ein wenig die Sorge, denn bisher habe ich die Liebe nicht wirklich hinterfragt, habe mögliche Zweifel achtlos in die hinterste Abstellkammer meines Gehirns verbannt.

Ich war nicht gehemmt von der Angst am Ende dich, oder mich, oder uns zu

verletzen. Und das zeigt mir, dass du
mir wichtig bist, wichtiger als alle ande-
ren zuvor.

Auch eine weitere Sache lässt mich in
der Annahme über meine Gefühle für
dich sicherer werden. Es ist der Fakt,
dass ich notorisch von der Angst beses-
sen war, allein zu sein.
Und nun... nun setzte ich mich vollsten
Bewusstseins der Solitude aus, ich bin al-
leine, wenn auch nicht einsam, um mit
dir zusammen sein zu können, irgend-
wann.

Ich bin nicht mehr darauf angewiesen,
ständig von Liebe umfangen zu sein, teil-
weise, weil ich lernte mich selbst zu lie-
ben und wertzuschätzen, andererseits je-
doch auch, weil ich in der Aussicht
allein bin, irgendwann mit dir zusam-
men zu sein, dich irgendwann zu gewin-
nen.

Ich warte mittlerweile seit einiger Zeit
auf dich, und eine Stimme in mir lässt

mich vermuten, dass ich es auch weiterhin tuen werde, so lange, bis ich dich in meinen Armen halten darf, bis wir beide in Liebe vereint sein können.

Ich habe als Folge dieses Briefes lange über diese Worte nachgedacht, in meinem Kopf über sie philosophiert, ob sie nun zutreffend oder heuchlerisch sind, ob sie angebracht oder unpassend sind. Ich habe versucht zu ergründen, ob sie tatsächlich echt sind, und ich bin zu dem Schluss gekommen, dir mit folgendem Satz die Wahrheit zu sagen, denn für mich ist die Vorstellung meines schlimmsten Vergehens, dich anzulügen;
Ich liebe dich.

Du bist meine Welt, bitte lass mich eines Tages deine sein.
Herzlichst an meine verehrteste L,
deine L.

Der Inhalt des nachfolgenden Briefes ist sensibel und kann von feinfühligen Menschen als Trigger wahrgenommen werden. Es findet eine mehrfache Erwähnung von Narben statt, jedoch gibt es keine graphischen Details.

Donnerstag, den 16.05.2024
Meine Geliebte,
durch Höhen und Tiefen will ich dich begleiten.
Ich möchte bei allem an deiner Seite sein, und dich in den Arm nehmen, wenn du das Gefühl hast, deine Welt bräche zusammen.

Ich werde mein Bestes geben, deine Welt mit meinen bloßen Händen zusammenzuhalten.

Natürlich bin ich nicht in der Lage, deine Probleme in Luft aufzulösen, jedoch kann ich mein Bestes geben, dir dabei zu helfen mit ihnen umzugehen. Das Seltsame ist, ich würde alles tun, mir jegliche Last aufbürden, nur um dir

deine Leiden abnehmen zu können, ich
würde arbeiten, nur damit es mir am
Ende schlecht ginge, allerdings in dem
Wissen, dass es dir dafür gut ginge.
Leider funktioniert das so aber nicht.

Dafür kann ich dir alles geben, was du
brauchst.
Wenn du einfach nur jemanden haben
möchtest, der dir zuhört und dir Sicher-
heit und Komfort gibt, dann bin ich
ebendiese Person.

Wenn du Hilfe willst, willst, dass dir je-
mand eine andere Perspektive eröffnet,
willst, dass dir jemand einen Ratschlag
gibt, mit dir eine Lösung findet, dann
kann auch das ich sein.
Und falls dein Herz nach nichts von all
dem verlangt, dann verrate mir, wonach
es schreit.

Ich kann stundenlang einfach nur dasit-
zen und dir zuhören, ohne auch nur ein
Wort zu sagen, wenn es das ist, was du

brauchst. Ich würde alles Erdenkliche
tun, damit es dir gut geht.

Ich betrachte dich von Tag eins an als
perfekt, deine Schönheit hat mich über-
wältigt.
Du wirktest makellos.
Heute habe ich deine Narbe gesehen.
Seitdem ich dich besser kenne, habe ich
sie immer bei dir vermutet, unterbe-
wusst wohl auch danach gesucht.

Du hast es mir nie gesagt, aber irgend-
wie war es mir klar, nahezu von Anfang
an.

Heute habe ich gesehen, dass du nicht
perfekt bist, und das hat meine Liebe
für dich nur noch verstärkt. Es hat dich
von einer perfekten Illusion zu einem
echten, lebendigen Menschen gemacht.

Ich liebe jedes einzelne, zerbrochene
Stück von dir.
Ich liebe jedes einzelne Stück von dir,
dass einst kaputt war, und du wieder

zusammenklebtest, durch deine unendliche Stärke.
Ich liebe die Scherben deiner Seele mit den Splittern meiner Seele.

Wenn man einmal darüber nachdenkt, ist es doch so, dass wenn zwei Herzen in Puzzlestücken zerstreut auf dem Boden liegen, und sich gegenseitig wieder zusammenbauen, sich automatisch Teile vermischen.

Wenn sich zwei kaputte Meschen finden, und es schaffen, sich gegenseitig wieder zusammenzuflicken, dann entsteht eine tiefgehende Bindung, denn es finden sich in der eigenen Seele Stücke des Herzens des jeweils anderen. Wir sind gebrochen und schön, denn unsere Scherben reflektieren das Sonnenlicht und werfen Regenbogen in das Wolkengrau.
Wir sind gebrochen und verbunden, denn wir gehören zusammen, weil wir diejenigen sind, die einander zur Vollständigkeit heilen werden.

Vieles kann man selbst wieder zusammensetzten, aber es ist so lange instabil, bis der Kleber der Liebe kommt, und das wackelige Konstrukt zusammenkittet. Liebe heilt uns nicht, das müssen wir selbst tun, aber Liebe kann unser Ansporn sein, zur besten Version unserer Selbst zu werden.

Liebe kann unsere Bestätigung sein, dass nicht die ganze Welt und alle Menschen schlecht sind.

Liebe kann unseren Glauben an das Gute wiederherstellen.

Oder in kürzeren Worten;
Als ich dich als Perfekt empfand, warst du attraktiv,
als ich deine Narben vermutete, wurdest du menschlich,
als ich deine Wunden vermutete, liebte ich dich,
als ich deine Narben sah,
wurdest du noch perfekter, als ich es je für möglich hielt.
Es ist der Fakt, dass du glänzt, ohne das

Licht auf dich scheint, der dich so unglaublich besonders und liebenswert macht.

Es ist der Fakt, dass du es selbst in deinen dunkelsten Zeiten schaffst, zu leuchten.
Es ist der Fakt, dass deine Imperfektion das ist, was dich für mich zu dem perfektesten Menschen der Welt werden lässt.
Ich Liebe dich L.
Deine L.

„If you told me about the darkness inside of you, I would still look at you like you are the sun."

(„Erzähltest du mir von der Dunkelheit in dir, würde ich dich weiterhin anschauen, als seist du die Sonne")

Samstag, den 18.05.2024
Meine Geliebte,
ich schreibe dir aus meinen tiefsten Gefühlen heraus.
Ich liebe dich so tiefgehend, dass es wohl kaum eine andere Person nachvollziehen könnte.
Ich liebe dich so sehr,
dass es langsam unerträglich wird, es dir nicht entgegenzubrüllen,
es in die Welt hinauszuschreien.
Ich liebe dich, und daher schreibe ich dir diese von Liebe durchtränkten Briefe.
Wie konnte ich nur Leben, bevor ich dich kennenlernte?
Wie konnte ich bloß glücklich sein, ohne dein Lächeln zu sehen?
Wie konnte ich bloß jemals kreativ sein?
Fand ich doch in dir erst meine Muse.
Ich weiß es nicht, doch ich frage es mich Tag für Tag;
Wie konnte ich bloß ohne dich leben?
Das ist wohl eine Frage, die ich mir für den Rest meines Lebens stellen werde, da sie die Grenzen meiner Philosophie

weit überschreitet.
Ich würde mich durchaus als gute Auto-
rin und Philosophin deklarieren,
aber du hast die Macht,
mir nicht nur meinen Verstand,
sondern auch meine Worte zu rauben,
und mich sprachlos zu hinterlassen.
In Liebe zu dir,
deine L.

Mittwoch, den 22.05.2024
Meine Geliebte,
ich denke momentan viel über das
Thema Freiheit nach, und inwiefern wir
frei sind; denn sind wir jemals wirklich
frei?

Und selbst wenn wir frei sind, frei von
jeglicher Vorschrift, sind wir dann wirk-
lich frei?

Unsere Freiheit zwingt uns, Entschei-
dungen zu treffen, was für mich unver-
meidlich zu der Frage führt: Freiheit
oder Zwang? Freiheit und Zwang?

Zwei Antithesen, die sich gegenseitig ein-
schließen, ein Paradoxon mit Sinn.
In meiner Vorstellung ist es immer so,
dass zwei Extrema zwei Enden einer Li-
nie darstellen.
Besagte Linie ist allerdings ein Kreis,
was unweigerlich dazu führt, dass die
beiden Extrempunkte direkt nebenei-
nander liegen.

In gewisser Weise finde ich das keine schlechte Visualisierung meines Kopfes, denn die extreme Freiheit zwingt uns dazu, Entscheidungen zu treffen, während die extreme Unfreiheit, der extreme Zwang dazu führt, dass wir frei sind, keine Entscheidungen zu treffen. Wenn ich an Freiheit denke, assoziiere ich den Begriff direkt mit etwas Positivem, mit Glücklichkeit, mit Frohsinn. Vor meinem inneren Auge spielt sich eine photographische Hügellandschaft mit hohem Gras ab, durch deren blühende Blumen ich lauthals lachend laufe.

Ich würde mich gerne für immer in diese erste Assoziation flüchten, ist meine Realität als Philosophin doch eine ganz andere.

Außerhalb meines philanthropischen Erstanblickes muss ich mich fragen; Sind wir als Menschen wirklich jemals richtig frei?

Denn sehen wir einmal ab von dem eben angerissenen Paradoxon, beziehen uns nur einmal auf unsere menschliche Handlungsfreiheit, dann bleibt weiterhin die Frage; Sind wir als Menschen wirklich jemals richtig frei?

Lassen wir einmal außenvor, dass es Regeln und Gesetze gibt, an die wir uns halten müssen.

Ja, definieren wir Freiheit für den Moment so, als dass es das zwangfreie Handeln innerhalb der justizgegebenen Möglichkeit ist, dass Freiheit die uneingeschränkte Handlungskompetenz ist, solange dabei nicht die Freiheit eines anderen Individuums eingeschränkt wird; Sind wir *dann* wirklich frei?

Ich denke nicht, denn unsere stärkste Restriktion von Freiheit ist nicht das Gesetz unseres jeweiligen Landes; Es sind in gewisser Weise wir selbst, es ist der gesellschaftliche Druck der auf unseren Schultern lastet, und es sind wir, weil wir uns ihm hingeben.
Wir schrecken davor zurück, Dinge zu

tun, weil sie gesellschaftlich verpönt sind, wir dürfen nicht rausstechen aus der Masse, müssen uns anpassen, dazugehören.

Wir verurteilen die, die anders sind, weil wir selbst nicht den Mut haben uns zu verwirklichen, weil wir Angst haben, dann von Leuten verurteilt zu werden, die Angst davor haben sie selbst zu sein, aus Angst davor verurteilt zu werden von Leuten... du verstehst mich, denke ich.

Unser Drang nach gesellschaftlicher Konformität ist unkaputtbar und in gewisser Weise naturgegeben, weil der Mensch ein Herdentier ist, welches nur dann überlebte, wenn es Teil eines Zusammenschlusses war. Wurde man aus der Herde verstoßen, war man auf sich allein gestellt ziemlich sicher dem Tode geweiht.

Bis heute ist es so, dass der Mensch Liebe und Affektion benötigt, um zu überleben. Bekommt ein Baby dies

nicht, stirbt es, bekommt ein Erwachse-
ner dies nicht, wird er unglücklich bis
hin zu seiner krankhaften Form der De-
pression.

Je weniger Validation wir von den Men-
schen in unserem festen sozialen Um-
feld erhalten, desto stärker sehnen wir
uns gesellschaftlich nach ihr.

Haben wir bei unseren Freunden, bei
unseren Lebenspartnerschaften, oder
auch bei unserer Familie das Gefühl,
Personen zu haben, die uns den Rücken
stärken und uns in dem Unterstützen,
was wir tun wollen, wie wir sind, wer
wir sind, dann fällt es uns einfacher den
Konformitätsdruck unserer Gesellschaft
fallen zu lassen und frei(er) zu werden,
indem wir uns selbst und unsere unbe-
schränkte Persönlichkeit entfalten. Na-
türlich limitiert auch unser menschli-
cher Körper in gewisser Weise unsere
Freiheit, so können wir doch nicht flie-
gen, oder uns teleportieren.

Des Weiteren schränkt unser begrenzter Geist unsere Fähigkeit zur Freiheit ein, denn wir sind nicht frei zu tun, was wir uns nicht vorstellen können.

Unser freies Handeln ist an die Weiten unserer Fantasie gebunden, und je limitierter unsere Vorstellungskraft ist, desto limitierter ist im Endeffekt auch unsere Freiheit, jedoch würde das den Rahmen an dieser Stelle sprengen, bin ich doch eigentlich hier, um mich mit dir zu befassen, und wo es gerade um das Thema Freiheit geht, über unsere Freiheit zu sprechen.

Jetzt nicht mehr über die, von uns als Menschen, sondern über unsere Freiheit, über uns beide als Teil unserer Gesellschaft.

Wir beide wären sicherlich verpönt bei vielen, reicht doch schon alleinig der Fakt, dass wir beide Frauen sind, die sich lieben, vielleicht, um die Gesellschaft zu verärgern.

Du und Ich, wenn aus uns ein Wir würde, würde dies mit Sicherheit einige in Rage versetzen, jedoch, mir soll das egal sein.

Ich würde mit dir eine Beziehung eingehen, auch in der Sicherheit, dass ich deshalb von der Gesellschaft zermalmt würde. So ernst ist es bei uns zum Glück jedoch nicht, so droht uns doch kein physisches Leid, wenn wir die Liebenden sind, die wir sein wollen.

Viele Menschen hätten viel zu sagen, und ich denke, das ist das größte Problem unserer Gesellschaft; Es ist nicht der Fakt, das Menschen Meinungen haben, zu privaten Angelegenheiten anderer, es ist der Fakt diese Gedanken zwanghaft, immerzu und zu jeder Zeit preisgeben zu müssen. Das pure Sagen um des Sagens Willen.

Können wir nicht einfach einmal Menschen Menschen, und Liebe Liebe sein lassen? Ist das wirklich so schwer?

Wenn es uns selbst nicht betrifft, können wir dann nicht einfach auf den Grundsatz „Leben und Leben lassen" vertrauen, wenn es um das Persönliche, das Private, das Intime anderer geht?

Warum ist es immer für so viele so unglaublich schwer, an angebrachter Stelle den Mund zu halten, einen Moment zu verstummen, und darüber nach zu denken;
„Hat meine Meinung hier wirklich Stellenwert, oder will ich sie nur äußern um des äußern Willens, und verletze ich damit potenziell andere?"

Ja, ich denke es wäre manchmal deutlich einfacher man selbst zu sein, wenn man wüsste, dass immerhin ein Teil der Menschheit sich diese Frage stellen würde.

Ich möchte hiermit niemanden entmutigen sich politisch zu äußern und zu engagieren, nur möchte ich sensibilisieren, wenn es darum geht, die Nase in die privaten Details anderer Menschen zu stecken.

Was uns beide betrifft, ich werde zu dir stehen, egal, ob das einfach wird, oder nicht. Ob geheim, privat oder öffentlich, ich werde immer an deiner Seite sein, vor, hinter, neben dir stehen, darauf ankommend aus welcher Richtung die Kugel kommt.

Ich denke der stärkste Gegner gegen den gesellschaftlichen Zwang ist die Liebe, denn sie ist in gewisser Weise blind für Folgen.

Ich denke, wer liebt, wer wirklich liebt, ist gleichzeitig der freiste und unfreiste Mensch auf Erden, denn zum Thema Liebe hat die Gesellschaft eigentlich immer etwas zu kritisieren, aber wenn man blind ist vor Liebe, dann interessiert es einen einfach schichtweg nicht, was andere denken, solange man den jeweils anderen sicher bei sich weiß.

In diesem Sinne sage ich dir nun, was ich dir gerne für den Rest unseres Lebens sagen würde; Ich liebe dich L.
In Liebe zu dir,
deine L.

Vorstellungen einer Träumerin

„Soll ich dich mitnehmen?", fragt sie.
Ich nehme ihr Angebot ebenfalls lä-
chelnd an.
Ich steige auf der Beifahrerseite ihres
Autos ein und sie nimmt hinter dem
Lenkrad Platz.
Wir unterhalten uns bereits angeregt,
als sie den Gang einlegt und rückwärts
aus der Parklücke fährt.
Ich schaue nach vorne, durch die Wind-
schutzscheibe.
Sie sollte auch nach vorne schauen.
Tut sie, meistens jedenfalls.
Ich spüre ihren Blick gelegentlich ab-
wandern und für eine kurze Weile auf
mir ruhen.
Sie schaltet,
sie fährt,
sie guckt
auf die Straße,
auf mich,
auf die Straße.
Sie fährt,
sie fährt,

sie stoppt.
Wir sind da.
Ich wohne dort.
Aber zu Hause bin ich hier,
neben ihr,
auf dem Beifahrersitz ihres Autos.
Ich schaue sie an.
Sie schaut mich an.
Wir schauen uns an.
Da ist ein Moment zwischen uns, das
kann ich genau spüren.
Ich nehme meine Tasche. „Vielen Dank
fürs Mitnehmen", sage ich.
Ich bin mitten in der Bewegung aufzu-
stehen, da fühle ich eine Berührung.
Eine sanfte, zaghafte Berührung an mei-
nem Handrücken.
Ich lasse mich zurück in den Sitz sinken
und schaue sie, die ihre Hand schnell,
unsicher, beschämt wieder zurückgezo-
gen hat, an.
Sie schaut mich an.
Ich lächele.
„Ist schon okay so"
Ich nehme ihre Hand.
Sie lächelt.

Zusammen liegen unsere Phalangen verschränkt auf dem Schalthebel.
Wir starren beide nach vorne.
Keine von uns sagt ein Wort.
Dieser Moment soll uns gehören, nur uns,
nicht irgendwelchen Worten,
die schon Millionen anderer gesprochen haben.
Ein Moment der Zweisamkeit in stiller Vereintheit.
Wir drehen uns gleichzeitig zueinander und unsere Lippen treffen sich, lassen nicht ab voneinander.
Ich bin am Platz meiner Träume, denn ich bin bei der Frau meiner Träume, und irgendetwas sagt mir, dass sich dies nun für immer so eingestellt hat.
In Liebe zu dir L,
von deiner L.

Danksagung

Vielen Dank an meine wunderbaren Freund*innen Isa, Lena, Theresa und Juliette, die sich jeden meiner Briefe mehrfach angehört haben, und mich in diesem Projekt unterstützt haben. Ich habe euch so unfassbar lieb, danke, dass es euch gibt.

Danke an L, dafür dass du mich Tag täglich mit deinem wunderbaren Dasein inspirierst.

Danke an die beste Lektorin, die ich mir hätte wünschen können. „Slay girl" Kommentare von dir sind immer erwünscht. Danke Isabell.